Para: ____________________

De: ____________________

O amor
tudo pode

V&R
EDITORAS

Ainda que eu falasse
as línguas dos homens
e dos anjos, e não tivesse

amor,

PROCLAIM
IN PHILAD.A BY ORDER OF THE
PASS AND STOW
PHILADA
MDCCLIII

seria como o **metal**

que **soa**

ou como o

címbalo

que retine.

E ainda que tivesse o dom de

profecia

e conhecesse todos os

mistérios

e toda a

ciência,

e ainda que tivesse toda a fé

de maneira tal que transportasse os montes,

e não tivesse amor, nada seria.

E ainda que distribuísse todos os meus bens

para sustento dos pobres,

e ainda que entregasse
o meu corpo para ser
queimado,

e não tivesse amor,

nada disso me aproveitaria.

O amor é *sofredor,*
é *benigno;*

o amor não é
invejoso,

o amor
não se
vangloria,
não se
ensoberbece,

não se porta inconvenientemente,

não busca os seus próprios interesses,

não se irrita,

não suspeita mal;

não se regozija
com a
injustiça,

mas se regozija
com a
verdade;

tudo *sofre,*

tudo *crê,*

tudo *espera,*

tudo *suporta.*

o

amor

jamais acaba.

As profecias serão

aniquiladas,

as línguas

cessarão,

a ciência

desaparecerá,

(porque, em parte conhecemos, e em parte profetizamos;)

mas, quando vier o que é perfeito,

então o que é imperfeito desaparecerá.

Quando eu era *menino*,

pensava como *menino*;

mas, logo que
cheguei a ser
homem,
acabei com as coisas
de menino.

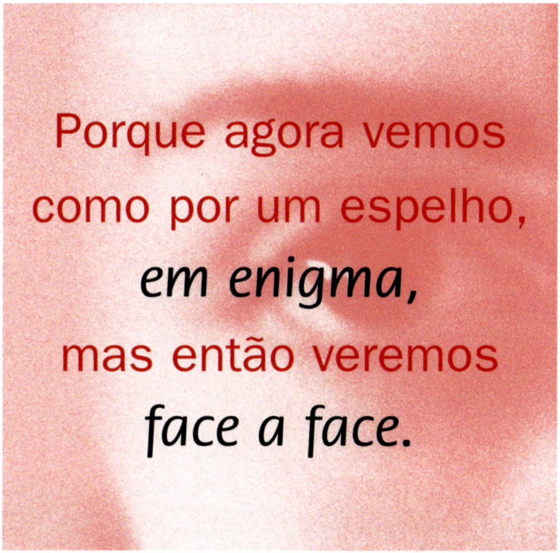
Porque agora vemos
como por um espelho,
em enigma,
mas então veremos
face a face.

Agora, pois, permanecem

a fé,
a esperança,
o amor;

mas o maior destes é o *amor.*

Ainda que eu falasse as línguas dos homens e dos anjos, e não tivesse amor, seria como o metal que soa ou como o címbalo que retine.

E ainda que tivesse o dom de profecia, e conhecesse todos os mistérios e toda a ciência, e ainda que tivesse toda a fé, de maneira tal que transportasse os montes, e não tivesse amor, nada seria.

E ainda que distribuísse todos os meus bens para sustento dos pobres, e ainda que entregasse o meu corpo para ser queimado, e não tivesse amor, nada disso me aproveitaria.

O amor é sofredor, é benigno; o amor não é invejoso; o amor não se vangloria, não se ensoberbece, não se porta inconvenientemente, não busca os seus próprios interesses, não se irrita, não suspeita mal;

não se regozija com a injustiça, mas se regozija com a verdade; tudo sofre, tudo crê, tudo espera, tudo suporta. O amor jamais acaba. As profecias serão aniquiladas, as línguas cessarão, a ciência desaparecerá, porque, em parte conhecemos, e em parte profetizamos; mas, quando vier o que é perfeito, então o que é imperfeito desaparecerá. Quando eu era menino, pensava como menino; mas, logo que cheguei a ser homem, acabei com as coisas de menino. Porque agora vemos como por um espelho, em enigma, mas então veremos face a face.

Agora, pois, permanecem a fé, a esperança, o amor; mas o maior destes é o

amor.

O texto

O amor tudo pode é um dos textos mais simples, porém mais profundos e esplêndidos da literatura universal. Foi parte da primeira carta do apóstolo São Paulo aos Coríntios, capítulo 13, versículos 1-13. *O amor tudo pode* é um convite para refletir sobre o mais sublime dos sentimentos, o maior de todos, de onde viemos e para onde vamos, o que damos e recebemos, o que aperfeiçoa nossas imperfeições, o que nos completa e nos complementa, o que nos motiva muitas vezes a seguir lutando pela esperança, fé, sonhos... porque *o amor jamais acaba.*

O autor

Saulo de Tarso era um jovem que perseguia os primeiros integrantes da Igreja de Jerusalém, levando-os à prisão pelo simples fato de serem cristãos. No ano 36 de nossa era realizou-se sua conversão, quando ia rumo a Damasco e lhe apareceu uma luz que o cegou. Depois de três dias cego, recuperou a vista, batizou-se e converteu-se num dos mais fervorosos predicadores e discípulos, sob o nome de Paulo. Sua história está narrada nos Atos dos Apóstolos.

Escreveu muitas cartas que figuram no Novo Testamento. Nelas encontram-se refletidos sua personalidade, sensibilidade e temperamento; um homem apaixonado e batalhador que entregou sua vida inteira, fervorosamente, a uma causa. Um homem que pregou o amor sobre todas as coisas, que sofreu perseguições e que deixou, entre outros, um dos mais belos escritos sobre o amor, sua força e sua importância.

Direção de arte: Paula Fernández
Direção editorial: Lidia María Riba
Design: Tomás Caramella
Revisão: Jussara Lopes

Fotos: © Stone

Rua José Felix de Oliveira, 1205 - CEP 06708-645 - Granja Viana - Cotia - SP
Tel./Fax: (55-11) 4612-2866 • e-mail: editoras@livropresente.com.br

ISBN: 978-85-7683-268-3

Impresso na Indonésia • Printed in Indonesia

Dados Internacionais de Catalogação na Publicação (CIP)
(Câmara Brasileira do Livro, SP, Brasil)

O Amor tudo pode / edição de Lidia María Riba. –
2. ed. – Cotia, SP: Vergara & Riba Editoras, 2011.

ISBN 978-85-7683-268-3

1. Amor - Ensino bíblico 2. Reflexão I. Riba, Lidia María.

11-01305 CDD-808.882

Índices para catálogo sistemático:
1. Amor : Máximas : Literatura 808.882

Sua opinião é muito importante para nós!

Escreva um e-mail para **opiniao@livropresente.com.br**
com o título deste livro no "Assunto".